ORAISON

FUNÈBRE

DE

MONSIEUR L'ABBÉ TRIDON

PRONONCÉE EN L'ÉGLISE St-NICOLAS

A TROYES

Le 15 Décembre 1868

PAR M. L'ABBÉ F. MÉCHIN

TROYES

BERTRAND-HU, IMPRIMEUR DE L'ÉVÊCHÉ

Place de l'Hôtel-de-Ville, 10

1869

ORAISON FUNÈBRE

DE

MONSIEUR L'ABBÉ TRIDON

PRONONCÉE EN L'ÉGLISE SAINT-NICOLAS

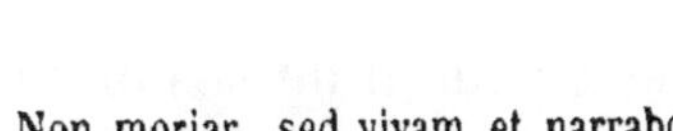

> Non moriar, sed vivam et narrabo opera
> Domini. (Ps. CXVII)
> Je ne mourrai pas ; mais je vivrai et je
> raconterai les œuvres du Seigneur.

MONSEIGNEUR, (1)

MES FRÈRES,

Ces paroles du saint Roi-Prophète avaient évidemment rapport à la nature de l'âme, laquelle survit éternellement à la dissolution du corps, et va continuer au ciel les louanges de la terre ; douce espérance qui reste à tous, après les tristes séparations d'ici-bas, nous ne mourrons qu'un instant pour revivre toujours. Cependant ne peut-on pas, dans le sens spirituel, les appliquer aussi à la valeur de l'âme juste, et dire : Elle a beau quitter la terre et partir, elle reste immortelle aux lieux qu'elle a sanctifiés, dans le souvenir de l'admiration, de la reconnais-

____

(1) Monseigneur Ravinet, évêque de Troyes.

sance et de l'amour ; et longtemps après son départ, ses œuvres loueront Dieu et raconteront les grandes choses qu'il a faites avec elle. *Non moriar, sed vivam, et narrabo opera Domini.* Tel est, mes Frères, le caractère spécial de la cérémonie funèbre qui nous réunit aujourd'hui autour de ce cercueil. Car si quelqu'un peut dire avec justice : « Je ne mourrai point, mais je vivrai et je raconterai les œuvres du Seigneur, » c'est assurément ce mort bien-aimé qui parle encore (1) comme s'il était présent, qui vit et vivra toujours dans nos cœurs par le souvenir de ses vertus et de ses œuvres, le très pieux, très-regretté et très-vénérable abbé Edme-Nicolas TRIDON, Chanoine honoraire de la Cathédrale de Troyes, Supérieur de l'Œuvre de la Jeunesse, Directeur de l'Association des Mères chrétiennes, que Dieu vient d'appeler à la récompense éternelle.

J'aurais voulu, mes Frères, décliner le douloureux honneur qui m'est fait aujourd'hui ; car comment louer dignement un saint, quand on ne l'est pas soi-même, et parler avec intérêt à ceux qu'on devrait entendre ! mais j'obéis, encouragé d'ailleurs par cette parole tombée d'une bouche auguste, et qui à elle seule suffirait au panégyrique du pieux défunt : « On en dit toujours trop de ceux » qui n'ont rien fait ; on n'en dira jamais assez de ceux » qui, comme l'abbé Tridon, ont donné leur vie pour les » autres. » (2)

En chaque homme se trouve une passion dominante, qui

(1) Defunctus adhuc loquitur. (Hebr , xi, 4)
(2) Monseigneur Ravinet.

donne l'impulsion à tous les actes de sa vie. Chez l'abbé Tridon, cette passion dominante était l'amour de Dieu. Toutes ses pensées, toutes ses paroles, toutes ses œuvres portaient l'empreinte de ce divin cachet de la charité que le grand Apôtre laissa aux héritiers de son courage et de son zèle : *Caritas Christi urget nos* (1). C'est pourquoi, laissant aux savants la peine de nous dire qu'il fut un archéologue distingué, un profond penseur, un académicien plein de verve et d'amabilité, nous ne voulons ici voir en lui que l'homme de Dieu, *Homo Dei;* c'est là, de tous les titres, celui qui lui sourirait le plus ; le seul, du reste, qui a fait de lui, au milieu de nous, un saint et presqu'un martyr.

De cette brûlante charité, comme d'un foyer toujours ardent, rayonnaient spécialement trois éminentes vertus auxquelles on peut rattacher l'ensemble de toute sa vie : une *piété vive,* une *profonde humilité,* un *zèle à toute épreuve.*

I.

La piété de l'abbé Tridon n'avait rien de l'ordinaire; comme sa physionomie qui réflétait si bien la nature de son âme, elle était tout à la fois austère et douce. Telle devait être la piété de saint Bernard, son type bien-aimé. Personne n'ignore combien il aimait à parler de ce grand saint, à louer ses vertus, à propager son culte et sa gloire. On eût dit à le voir, à l'entendre que le sang de Bernard coulait dans ses veines, et que son esprit ani-

(1) (IIe Corinth. v, 14.)

mait son âme. Quoi d'étonnant!... Le même air avait soufflé sur leur berceau, la même cité avait abrité leurs premières études, le même autel avait reçu, sous le regard d'une vierge miraculeuse, leurs premiers serments de fidélité à Dieu. Et l'on peut dire, sans crainte d'erreur, que les souvenirs de Châtillon et les échos de Saint-Vorles décidèrent la vocation du jeune Tridon, et exercèrent une grande influence sur sa vie tout entière.

Passionné, et lui aussi, pour la solitude, il n'en sortait guère qu'à l'heure de Dieu pour aller lui chercher des âmes. La prière et l'étude se partageaient son temps, la nuit aussi bien que le jour ; car sa santé, à toute époque si délicate, ne lui permettait guère de sommeiller tranquille. Il utilisait ces longues heures de l'insomnie tantôt par une multitude de pratiques de piété qu'il recommandait en détail aux autres, et que lui-même observait rigoureusement en leur entier, tantôt par des réflexions sérieuses que lui suggéraient les événements du jour ou les préoccupations du lendemain. Et si le sommeil s'obstinait à fuir, il passait alors à ces différents travaux de l'intelligence qui naissaient comme par enchantement sous sa plume féconde. Oui, c'était le plus souvent dans le silence des nuits, en présence de Dieu seul, qu'il ordonnait ses missions, qu'il fondait ses œuvres, qu'il composait ces lettres, ces rapports, ces opuscules, ces discours, ces mille choses charmantes enfin qui réflétaient si nettement et la foi de son âme et la flamme de son esprit ; gai quelquefois jusqu'à soulever les acclamations, triste un instant après jusqu'à provoquer les larmes.

Ces alternatives de gaieté vive et d'austère tristesse faisaient, vous le savez, le fond même de la vie de notre cher défunt. Il n'a jamais connu les milieux vulgaires ; il était toujours aux sommets ou aux extrémités des choses. Ah ! c'est que, doué d'une excessive sensibilité, il s'impressionnait vite et vivement ! Comme ces natures exceptionnelles qui embrassent d'un coup d'œil tout un ensemble, il apercevait le bien et le mal dans leurs conséquences les plus reculées, et son âme prenait aussitôt la teinte que l'imagination lui fournissait. Toutefois sa mélancolie n'avait rien de sombre ni de farouche. Loin d'éloigner, elle avait même le don d'attirer à lui davantage, et quand il vous avait dit sa peine — il avait besoin de la dire — on la partageait vite ; et ses larmes, en vous élevant jusqu'à Dieu, vous révélaient mieux encore que son sourire, toute la mansuétude de son âme.

Deux grandes douleurs agitèrent principalement sa vie : celles de l'Église et celles de la Société ; car sa piété agrandissait tout. Enfant dévoué de la sainte Église Romaine, rien de ce qui touchait sa mère ne le laissait indifférent ; il s'attristait de ses peines plus encore qu'il ne se réjouissait de ses joies. Il lui semblait que la joie dût être naturelle à la sainte Épouse de Jésus-Christ. Mais ses humiliations, elles lui étaient si pénibles parfois, qu'il eût été heureux de donner sa vie pour lui acheter un triomphe... Il avait voué à Pie IX le saint, — c'était son expression ordinaire, — une affection qui devenait de plus en plus vive, à mesure que les jours et les douleurs s'amassaient autour de son trône ; et souvent il disait qu'un de ses grands regrets serait de mourir sans avoir vu, à Rome, le Messie du fils de Dieu. Aussi ne passait-il pas un seul jour sans prier pour le Souverain-Pontife, et sans le recommander aux prières des âmes chrétiennes. Oh! mes Frères, quand on aime ainsi l'Église, on est digne d'être prêtre, et l'on est bien près d'être un saint!

Cet amour et cette douleur expliquent l'autre amour et l'autre douleur... L'Église et la Société, c'est une mère et son enfant... Quand je parle de la Société, mes Frères, je mets en dehors la politique. L'âme de notre cher défunt était trop sacerdotale pour s'occuper de ce détail à moins qu'il n'y rencontrât une raison catholique. Il gémissait sur la Société, en tant qu'elle est maîtresse des âmes. Ses abaissements, ses iniquités, ses scandales l'abîmaient de douleur, parce qu'il voyait là des âmes perdues s'occupant de perdre les autres. Que de fois ne nous parlait-il pas avec une tristesse amère de l'ignorance religieuse à laquelle la Société, telle qu'on l'a faite, est condamnée dès le bas âge, de l'apathie des hommes pour la religion, de leur absence de l'église, et par dessus tout, de la fatale influence des parents et des maîtres irréligieux sur l'avenir des jeunes gens! « On les emprisonne, disait-il, dans le servilisme du travail, les jours de fête et les dimanches ; et l'on tarit ainsi la source des plus nobles sentiments pour y mettre à la place l'ignorance et l'immoralité. » Il n'appelait pas sur eux le feu du ciel, il était trop bon ; mais il souffrait et bondissait comme une mère qui voit égorger sous ses yeux ses propres enfants.

C'était surtout à la sainte Victime qu'il confiait chaque matin ses douleurs et ses ennuis. Quelle consolation pour lui de pouvoir célébrer la sainte messe, et quelle peine cuisante pour ce cœur altéré de Jésus-Christ, quand la souffrance le clouait au bas du calvaire, loin de son autel chéri. Hélas ! il n'avait pas le bonheur d'y posséder Dieu présent ; mais il se dédommageait en passant des heures entières, le jour et quelquefois la nuit, au pied de la vraie croix qu'il embrassait avec amour, ou bien aux pieds de la statue du Sacré-Cœur que parfois, nous le savons par ses lettres intimes, il arrosait de ses larmes brûlantes.

Le plus souvent il passait de la maison de Dieu au *Salon de Notre-Dame*, c'est ainsi que sa piété filiale avait baptisé ce rond-point du jardin, au milieu duquel s'élève sous un dôme de verdure la statue de Marie-Immaculée. C'était la première statue érigée à l'Œuvre ; elle avait pour lui un attrait tout particulier. Il l'appelait *la gardienne de ses enfants* ; elle présidait à leurs jeux, à leurs ébats, à leurs douces intimités ; il était tranquille, eux sous son regard maternel. On voulait, un jour, avoir son portrait « Eh bien, venez, dit-il » ; et c'est là qu'il posa aux pieds de la statue chérie, entouré de tous ses enfants. Il l'aimait tant, Marie, ce fils de Saint Bernard ; il ne faisait rien sans l'avoir priée, invoquée, consultée à diverses reprises. Que de fois son nom béni arrivait à ses lèvres, et, avec quelle suave onction il savait parler d'elle et la faire aimer ! Chaque année, il se faisait un plaisir aussi bien qu'un devoir d'aller en pèlerinage à l'un de ses sanctuaires vénérés. Notre-

Dame du Chêne, Notre-Dame de la Sainte-Espérance, Notre-Dame de Fourvières, Notre-Dame de la Garde, vous l'avez vu tour à tour et plus d'une fois, agenouillé devant vos autels et sollicitant vos bénédictions!. Notre-Dame des Ermites le vit la dernière. Ah! il s'en doutait bien ; que lui aviez-vous donc dit, ô Vierge merveilleuse? Il eût voulu mourir à vos pieds, et ne quitter plus jamais cette terre privilégiée. Vous souvient-il, mes Frères, de ces paroles entrecoupées par les larmes, de ces sanglots qui faillirent interrompre en public le récit de son pieux voyage ? C'est que Einsiedeln est si bien fait pour passionner un cœur comme celui-là!...

Pouvait-il chérir ainsi la Sainte Vierge Marie, sans aimer et vénérer d'un culte spécial son chaste et fidèle époux! C'est à Saint Joseph, l'ouvrier de Nazareth, qu'il avait voulu dédier le patronage de la Jeunesse. La maison qu'il habitait, ce n'était point sa maison, c'était *la maison de Saint Joseph ;* l'Œuvre qu'il dirigeait, ce n'était point son Œuvre, c'était *l'Œuvre de Saint Joseph.* Il le regardait comme le propriétaire responsable, et si quelque chose manquait ou allait de travers, c'était — pour continuer à nous servir de son style familier — c'était au Saint Protecteur qu'il s'en prenait. Il se permettait de lui faire quelques pieuses observations; et, disons-le, Saint Joseph propice aux vœux de son ami, lui commandait plus souvent la reconnaissance que la résignation.

Qu'il était heureux quand tout marchait à son gré, c'est-à-dire au gré de Dieu ! Comme alors la joie s'épanouissait sur son front radieux, et comme la reconnaissance jaillissait en flots d'or de son cœur attendri, de ses lèvres frémissantes! On oubliait avec lui qu'il était vieux, et l'on eût dit qu'il n'avait jamais souffert. Le père de la Jeunesse était trop modeste pour s'attribuer la moindre partie du bien qui se faisait. Le mal; ah! il craignait toujours de n'avoir pas su le prévenir ou l'empêcher et il s'en attristait beaucoup; mais le bien, c'était Dieu qui l'avait fait, c'était la Sainte Vierge, c'était Saint Joseph, c'était quelquefois son entourage. Ce n'était jamais lui.

Aussi bien, l'humilité était une des grandes vertus du vénérable Supérieur.

II.

L'humilité, mes Frères, ne repose pas dans l'ignorance de soi-même, elle ne serait plus alors une vertu; elle consiste, au contraire, à bien connaître sa valeur pour en renvoyer toute la gloire à Dieu, source naturelle de tous les dons. L'abbé Tridon savait, à n'en pas douter, qu'il avait beaucoup d'esprit et beaucoup de cœur; mais il se gardait bien d'imiter ce serviteur inutile qui avait enfoui ses talents en terre. Il employait, au contraire, tous les instants de sa vie, il saisissait toutes les occasions favorables pour les faire fructifier dans l'intérêt du Maître. C'était un prêt dont il payait l'intérêt à Dieu, aussi largement que possible. S'il tenait à ce que ses Œuvres fussent en évidence, *luceat lux vestra coram hominibus*, c'était uniquement afin que Dieu fût connu, aimé et glorifié davantage, *ut videant opera vestra bona et glorificent patrem vestrum qui in cœlis est* (1). Certes, les éloges ne lui manquaient pas. Ils venaient spontanément s'offrir à ce grand cœur qui se martyrisait ainsi lui-même dans le devoir. Mais l'abbé Tridon souriait. — « Ah ! mes amis, que faisons-nous, en comparaison de ce que nous devrions faire ? Hélas ! Pourvu que Dieu soit content, et ne trouve pas trop d'alliage dans tout cet or. » Il avait souvent à la bouche cette parole du pieux auteur de l'Imitation ? *Ama nesciri et pro nihi'o reputari* (2), — « Quand on est jeune, disait-il, on la comprend mal ; quand on devient vieux, on la traduit plus facilement, et l'on trouve de la joie là où il semble n'y avoir que sacrifice et que peine. » Il aimait, surtout dans les circonstances majeures, à s'entourer de conseils. — « Qu'en pensez-vous, répétait-il souvent. » — Et si plus tard, malgré votre sentiment qu'il admettait de bonne grâce, vous le voyiez agir autrement, c'est que ce chercheur d'avis avait trouvé pour l'opinion contraire, un accord plus général. Il accueillait volontiers, il provoquait même l'observation. Et quand parfois elle blessait son amour propre — c'est un talent de savoir blâmer avec prudence — le Père riait de grand cœur, et après avoir d'un trait d'esprit forcé agréablement son contradicteur à plus de ménagements, il lui serrait cordialement la main, lui disait deux fois : merci ! et profitait toujours de son avis dans l'occasion.

Un des côtés les plus saillants de son humilité, était sa condescendance à l'égard des petits et des pauvres.

(1) (Matth. v, 16.)
(2) (Imit. i, c. ii.)

Ceux-ci ne recevaient jamais toute seule l'aumône de sa bourse, ils avaient une part plus large encore dans l'aumône de son cœur; mais aussi, il faut le dire, l'un était beaucoup plus riche que l'autre. C'était chose rare de ne pas le voir, au milieu des rues, environné de pauvres ou de petits enfants. Toutefois les enfants avaient ses préférences; il faisait volontiers route avec eux, riant et causant ensemble comme de *bons amis*. — C'était sa manière de dire — prenant leurs cœurs avec son aimable gaieté, ses charmantes médailles, ses gentilles historiettes, pour les porter à Dieu dans un acte d'amour. Les évangéliser, si jeunes fussent-ils, était pour lui un grand bonheur. Un jour qu'il venait de terminer dans une cathédrale de France une retraite faite aux tout petits, le vénérable Évêque qui l'avait suivi, touché jusqu'aux larmes de ce tableau vivant qui lui rappelait si bien le *Christ aux Enfants*, se jeta, lui aussi, aux pieds du missionnaire, demandant à se confesser comme les autres. — « Quelle humilité! disait naïvement l'abbé Tridon, et que j'étais petit à côté de ce saint vieillard! » Il ne se doutait pas qu'il devait aussi à son humilité cette marque de confiance et cette grandeur. L'un et l'autre se prenaient mutuellement pour un saint; ils l'étaient simplement tous deux sans le soupçonner.

L'humilité du Père se manifestait en tout, non seulement dans son attitude toujours modeste et sans prétention, non seulement dans son costume aussi simple que celui d'un cénobite, mais encore dans tout ce qui tenait à son usage. Il n'avait d'un peu riche, que ce qui rappelait Dieu ou son culte; encore trouvait-il moyen de s'en défaire au profit de sa chapelle. C'est ainsi, que ne pouvant arrêter les manifestations de l'amour et de la reconnaissance de ses chers jeunes gens, il voulait bien accepter leur présent de bonne fête ; mais à la condition que Saint Nicolas l'offrirait de sa part à Saint Joseph. Ici comme partout, il avait pris pour modèle le pieux Jean-Joseph Allemand, le fondateur des Œuvres de la Jeunesse, et nous pouvons bien dire du Père de la Jeunesse de Troyes ce que lui même disait naguère. — Hélas ! ce sont ses dernières paroles publiques, — du Père de la Jeunesse de Marseille. « Prenant pour règle de « conduite l'*ama nesciri* de l'Imitation, il n'a jamais « rien accordé à la nature, hormis et à peine le strict « nécessaire, ayant eu toujours pour appartement, une « cellule ; pour mobilier, un grabat, quelques chaises, « une table et une cassette ; pour ses besoins, la pau- « vreté la plus parfaite ; pour seul agrément, l'exercice « d'un dévouement sans bornes, sans mesure, sans re- « lâche à cette jeunesse qu'il a aimée et servie dans les « vues les plus éclairées de la foi, et pour l'unique « amour de Jésus-Christ. » (1)

En se faisant ainsi le plus pauvre et le dernier de tous, l'abbé Tridon était de tous aussi le plus haut placé et le plus riche dans l'estime et la considération générale. Mes Frères, quand une cité presqu'entière se lève et se découvre devant un cercueil, quand tout un diocèse s'émeut, quand un Évêque s'attriste et pleure, c'est que le corps qui passe est plus qu'un cadavre, c'est une

____

(1) Dernier compte-rendu.

relique sainte qui fait regretter une grande âme de moins sur la terre. *Qui se humiliaverit exaltabitur* (1).

III.

Et cet homme humble était pourtant un ambitieux. Il visait à la gloire la plus sublime de toutes, la gloire qu'avaient eue les Xavier, les Vincent-de-Paul, les François-de-Sales, et tant d'autres, celle de conquérir des milliers d'âmes à Jésus-Christ. Les dignités de la terre, les titres, les honneurs, il ne les cherchait point; s'ils venaient, il les acceptait, à la condition qu'ils serviraient ses pensées. A Fouchères, comme curé, au séminaire, comme directeur, en mission aussi bien qu'à l'Œuvre, c'était des âmes qu'il voulait, rien autre chose : *Da mihi animas; cætera tolle tibi* (2).

Esprit réfléchi, habitué à chercher la raison des choses, l'abbé Tridon pensait avec justice que la ruine de la société se trouve dans le défaut d'éducation chrétienne; il avait donc résolu de la sauver, suivant ses moyens, en s'occupant spécialement des mères et des enfants. Ah ! mes Frères, vous ne sauriez imaginer toutes ses sollicitudes pour l'enfance. Cet âge, dit-on, est sans pitié, je le crois bien; comment faire entendre une parole grave, sérieuse, à des natures essentiellement mobiles, distraites et folâtres? L'abbé Tridon avait ce secret là dans son cœur. Le voyez-vous ce prêtre éminent dont

(1) (Matth. xxiii, 12.)
(2) (Gen. xiv, 20.)

l'éloquente parole vient de captiver la foule des érudits, debout devant les bancs d'un catéchisme, les mains jointes, le regard fixé sur une multitude d'enfants de six à sept ans. Il les instruit, il les exhorte, il leur parle en leur langage de Dieu, du péché, de la croix et du ciel. Et toutes ces petites âmes écoutent la sienne avec une attention émue. Tout à coup le signal est donné, ils sont agenouillés. Le Père, un crucifix à la main, les exhorte au repentir de leurs péchés. Le jeune auditoire fond en larmes, et le prêtre heureux du triomphe de la grâce, peut leur donner à tous une absolution qu'ils sollicitent avec instance. Ah ! mes Frères, il suffit d'avoir été, une seule fois dans sa vie, témoin de cette scène émouvante, pour ne l'oublier jamais.

Vienne ensuite l'époque de la première communion, ce sera avec moins de simplicité le même zèle, la même parole. Heureux les enfants qui ont pu faire alors leur retraite sous l'inspiration de ce saint prêtre ; à moins d'être une nature complètement barbare, il fallait aimer le bon Dieu, du moins ces jours là. Épuisé de fatigue, il passait d'une paroisse à l'autre, toujours heureux du bien qu'il faisait, et nous, comme les enfants, toujours ravis de sa piété et de son zèle.

Mais l'enfant grandit. Quand arrive l'âge de 14 ans, il est difficile de le garder à Dieu. Tout concourt à le perdre, la famille, l'atelier, les mauvaises compagnies, les passions naissantes. Comment sauver cette frêle créature, exposée à tant de périls? Ah! Certes, si l'on pouvait parquer l'enfance et la soustraire pendant une génération seulement à l'influence qu'elle reçoit, on sauverait l'avenir. Telle est la pensée qui a présidé à la fondation des Œuvres de Jeunesse. L'abbé Tridon recueillit, avec son empressement d'apôtre, l'idée déjà vivante d'un jeune et pieux confrère et donna au germe de l'Œuvre troyenne sa fécondation et son développement. Ce fut dans ce travail qu'il enferma particulièrement sa vie. Dire ici toutes les peines et les fatigues qu'il se donna, les amertumes et les déboires qu'il éprouva, les alternatives cruelles d'espérance et de désenchantement qu'il dut subir, ce serait une trop longue histoire. Mais l'épreuve est le cachet des grandes choses, et la constance le propre des grands caractères. Marchez, marchez toujours, ô Père vénéré, Dieu est avec vous, le succès viendra. En effet, mes Frères, tout prospère, et son zélé successeur après l'avoir aidé dans cette tâche difficile peut semer aujourd'hui dans des sillons bien tracés.

Le soin de l'Œuvre absorbait la plus grande partie de son temps. Il essayait, complétait, perfectionnait sans cesse. Il passait alternativement des intérêts spirituels aux intérêts matériels. Ceux-ci l'inquiétaient peu; il comptait après la Providence, sur une assistance qui ne lui fit jamais défaut; pour cela il se faisait frère quêteur, tendant la main ou envoyant de gracieuses missives à tout ce qui porte un nom de gloire ou de vertu, et l'on aimait toujours à payer largement sa bonne grâce et son esprit. Mais ceux-là, ah! que de sollicitudes ils lui donnaient! Tantôt il fallait retenir au bercail une brebis prête à s'échapper, tantôt il fallait courir après une autre qui s'était égarée ; aujourd'hui encourager les uns, demain reprendre les autres ; ce matin voir la famille, ce soir visiter l'atelier; toujours veiller, toujours penser, toujours agir. Vous seuls, ô bons jeunes gens, pourriez-nous révéler toutes les pieuses industries de son zèle, tous les sages conseils qu'il vous donnait, tout le bien qu'il voulait vous faire. Combien d'entre vous ne lui doivent pas la conservation de leur foi et de leur innocence? Ah ! oui, il vous aimait, mes amis, comme Jésus-Christ, jusqu'à la mort, et en vérité il est mort pour vous!... Vous souvient-il, mes Frères, de ces séances de compte-rendus, si pieuses, si intéressantes, si gaiement enlevées, où le Père de la Jeunesse épuisé de fatigue et de chaleur, lisait, parlait, improvisait tant de mots heureux en faveur de son Œuvre. Mais ce que vous ne saviez pas peut-être, c'est que le martyr qui vous avait tant charmé tombait derrière la scène, moitié mort de souffrance et de faiblesse. *Bonus Pastor animam suam dat pro ovibus suis* (1).

Et cependant le soin de son Œuvre ne l'empêchait pas de s'intéresser à d'autres Œuvres. Il essuyait son front et partait pour un autre théâtre. La confiance de ses Supérieurs l'avait nommé Directeur de l'Association des Mères chrétiennes, charge aussi noble que délicate. Il fallait pour la bien remplir un esprit prompt et fin, un jugement droit et sûr, un tact exquis, une âme sensible et pure, une piété profonde. Or, l'abbé Tridon réunissait toutes ces qualités. Rappelez-vous, Mesdames,

____

(1) (Joann. XI, 10)

ces conseils si pleins d'à-propos, ces remarques si judicieuses, ces mille imprévus de paroles et de pratiques saintes dont il ornait vos réunions, et dites si j'ai tort de lui rendre ce témoignage. Intimement pénétré de la grandeur de sa mission, il voulait faire de vous toutes des épouses et des mères véritablement dignes de ce nom. C'était Monique, c'était Élisabeth de Hongrie, c'était Blanche de Castille, c'était Françoise de Chantal qu'il voulait ressusciter autour de lui. Oh! c'est qu'il comprenait toute l'influence de la femme, surtout dans une société comme la nôtre. Si les hommes font les lois, plus que jamais les femmes font les mœurs. En effet, là où les femmes sont vraiment chrétiennes, il est rare que les hommes ne soient pas ou ne deviennent pas chrétiens. « L'épouse fidèle sanctifie l'époux infidèle, dit Saint Paul », et une pieuse mère sauve presque toujours l'âme de son fils. L'impulsion qu'elle lui donne enfant, est décisive pour la vie; il pourra faire des écarts, mais tôt ou tard, aidé de ses prières, il reviendra repentant au cœur qui l'a béni, aux bras qui l'ont consacré à Dieu. De là ce zèle nouveau que l'apôtre des mères apportait à cette belle et consolante Association.

C'est au milieu de ces différents travaux que la mort, un jour, vint le chercher. Elle ne l'a pas surpris. Depuis longtemps déjà, se sentant défaillir, il préparait son âme au départ suprême. Une lettre qu'il écrivait quelques jours avant sa fin, à l'un de ses vénérables amis, nous révèle assez l'idée qui le dominait : « Pensez à moi, fidèle ami, au saint sacrifice, en votre chapelet, en l'office surtout de complies, demandez *Noctem quietam et finem perfectum* » (1). Et un peu plus tard, sentant l'heure qui approchait, il avait résolu de les sanctifier toutes d'une façon plus spéciale. Nous retrouvons dans son bréviaire cette note touchante écrite de sa propre main :

†

A CHAQUE HEURE :

Courage, mon âme.
En voici encore une de passée !
Va, elles passeront toutes,
Et ton éternité arrivera ;
Emploie celle qui commence
Pour te la rendre heureuse.
Et d'avance,
Béni soit l'heureux moment,
Qui te délivrera
En te mettant en possession
De Dieu ton souverain bien.
Ainsi soit-il.

Ce fut la veille de la Toussaint, à la troisième heure du jour, que le Père de la Jeunesse rendit sa belle âme à Dieu, murmurant de cœur ces douces paroles qu'il avait tant de fois redites pendant sa vie : *Sainte Marie, mère de Dieu, priez pour nous, pécheurs, maintenant et à l'heure de notre mort.* Dieu, suivant son désir, lui avait ménagé le passage. Comme presque tous les saints, notre pieux abbé avait une grande frayeur de la mort. « Entrez donc, bon et fidèle serviteur, entrez dans la

____

(1) « Une nuit tranquille et une fin parfaite. » Lett. au R. P Tissier, jésuite, à Marseille.

joie du Seigneur. » Allez prendre votre place à côté des saints prêtres, vos prédécesseurs et vos modèles. Et nous, ici-bas, tout en pleurant votre départ, nous vous ferons fête demain (1) avec les autres, mêlant ainsi les joies du triomphe aux larmes du deuil.

Petits enfants, consolez-vous ; votre vieil ami n'est plus, mais du haut du ciel, son regard vous sourit encore et sa main vous bénit toujours.

Jeunes gens, consolez-vous ; il était, ici-bas, votre conseiller, votre protecteur, votre père, il le sera davantage encore là-haut. La mort ne saurait rompre les liens du cœur, et l'amour ne fait que s'accroître au contact de Dieu. Mais rappelez-vous que vous êtes les fils de son zèle. Si le sang oblige, la grâce oblige plus encore. Montrez vous dignes du grand cœur qui vous a donné la vie : Restez forts dans la foi, fidèles à votre drapeau de l'Œuvre, bons fils, bons ouvriers et bons chrétiens.

Mesdames, consolez-vous ; celui qui vous parlait si souvent de Placide et d'Augustin, s'unit à eux maintenant, nous l'espérons, afin d'intercéder plus instamment auprès de Dieu pour vos maris et vos enfants. Vous, Moniques fidèles, souvenez-vous de votre noble mission, sanctifiez-vous pour sanctifier les autres.

Et nous tous, mes chers Confrères, gardons constamment vivant, au milieu de nos regrets et de nos prières, le souvenir de cet homme de Dieu. Du haut du ciel, il nous invite au courage : « Je vous ai donné l'exemple,

____

(1) Fête de la Toussaint.

afin que vous fassiez ce que j'ai fait moi-même (1). Soye
mes imitateurs, comme je l'ai été de Jésus-Christ. » (2
Ah ! Seigneur, aucun de nous ne refuse le travail
mais donnez-nous sa piété, son humilité et son zèl
afin que tous nous méritions un jour son repos, s
gloire et son bonheur. *Amen.*

(1) (Joann. XIII, 15.)
(2) (Corinth XI, 1)